SCHLOSS EUTIN UND SEINE GÄRTEN

Sophie Borges

Wachholtz

INHALT

Abb. 1 Der Monopteros im Schlossgarten

EINFÜHRUNG

Schloss Eutin, das Juwel an der schleswig-holsteinischen Ostseeküste, gehört zu den bedeutendsten Kulturdenkmälern Norddeutschlands. Über 800 Jahre war dieser Bau ein Knotenpunkt nordeuropäischer Geschichte. Er bietet noch heute mit dem intakten Ensemble aus Schloss, Vorplatz und Gärten das Idealbild einer Miniaturresidenz des 18. und 19. Jahrhunderts.

1992 wurde die Stiftung Schloss Eutin als Stiftung des öffentlichen Rechts errichtet. Das Land Schleswig-Holstein finanzierte eine umfassende Sanierung des Schlosses und sorgt seither für dessen Unterhaltung. Seit 2006 ist die Beletage von Schloss Eutin als Museum wieder voll zugänglich und heißt jährlich rund 30.000 Besuchende mit einem reichen Programm willkommen.

Angesichts der über 800 Jahre währenden Baugeschichte des Schlosses und der überaus komplexen Schleswig-Holsteinischen Landesgeschichte war es geboten, die zu vermittelnden Inhalte bewusst auszuwählen und wohlüberlegt zusammenzustellen. Der Fokus des Buches liegt auf der bis heute erhaltenen Architektur und Ausstattung von Schloss und Gärten. Es soll in erster Linie dazu dienen, den Besuch von Schloss und Gärten als informative Lektüre zu begleiten.

Abb. 2 Wedgwoodzimmer

SCHLOSS

An einem Tag im Frühjahr 1716 steht ein 36-jähriger aus Schweden gebürtiger Leutnant und Ingenieur am Eutiner See und macht sich Gedanken. Er umrundet ein notdürftig repariertes, burgähnliches Gebäude mit Wassergraben, Türmen und zahlreichen Anbauten – das Werk von Jahrhunderten. (Abb. 3) Aus diesem verwinkelten Objekt, so lautet der Auftrag, soll ein ebenso beeindruckendes wie großzügiges Schloss entstehen. Ein neuer Verwaltungs- und Wohnsitz, der sowohl Platz für die Regierungsgeschäfte bietet als auch komfortable, elegante Wohnräume. Dabei soll die Architektur die politische Macht und den persönlichen Geschmack des fürstlichen Bauherrn sichtbar machen und dem Vorbild der neuesten französischen und italienischen Paläste und Gartenanlagen folgen – das alles letztlich aber nicht als teurer Neubau, sondern auf dem Bestehenden aufbauend. Keine leichte Aufgabe, doch der Ingenieur fühlte sich im besten Sinne herausgefordert: Denn Rudolph Matthias Dallin (um 1680–1743), der wenig später zum Eutiner Hofbaumeister aufstieg, brachte Kenntnisse über die aktuelle Baukunst, auch spezielle Erfahrung im Festungsbau sowie ein sensibles Gespür für Symmetrie mit. In den folgenden elf Jahren baute er Schloss Eutin zu dem Gebäude um, das auch 300 Jahre später noch beeindruckt.

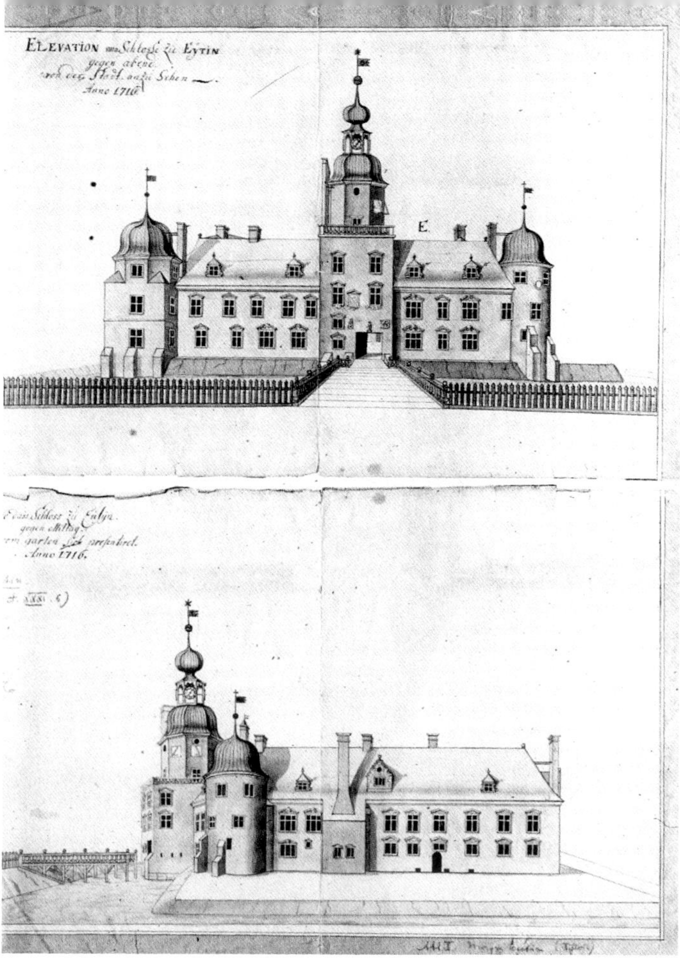

Abb. 3 Rudolph Matthias Dallin, Schloss Eutin vor dem Umbau 1716, Westseite, Südseite

BAUGESCHICHTE

Seit dem frühen 12. Jahrhundert gilt der Standort des Eutiner Schlosses als bebaut. Der Lübecker Bischof Gerold (gest. 1163/64) erhielt 1156 einige Ländereien in der Gegend von Eutin, die fortan zur Versorgung des Bistums dienen sollten. Bald wurde ein Verwaltungshof auf der sowohl praktisch als auch malerisch gelegenen Landspitze im Eutiner See errichtet. Die Bischöfe des 13. Jahrhunderts bauten die zunächst einfachen Häuser nach und nach zu

einer mittelalterlichen Burg um. Um 1300 wurde diese Burg zur Residenz der Bischöfe, die fortan nicht mehr in Lübeck ansässig waren. Die Zeit der Reformation und damit der Wechsel des Bistums vom Katholizismus zum Protestantismus waren für Schloss Eutin mit Vernachlässigung und Verfall verbunden. Über Jahrzehnte residierte kein Bischof mehr im Schloss. Dies änderte sich erst 1586. (Abb. 4) In diesem Jahr verpflichtete sich das Lübecker Domherrenstift das Amt des Bischofs in Zukunft mit Angehörigen der herzoglichen Dynastie Schleswig-Holstein-Gottorf zu besetzen. Die Bischöfe wurden zu Fürstbischöfen, die über ihr Herrschaftsgebiet regierten wie weltliche Fürsten. Sie durften als Protestanten heiraten und nahmen kaum noch sakrale Aufgaben wahr, behielten jedoch den Bischofstitel bei. Ihr Residenzschloss Eutin bauten sie immer weiter aus. Ab ca. 1640 bildet das Schloss dann eine geschlossene Vierflügelanlage am See.

Abb. 4 Georg Braun, Franz Hogenberg, Ansicht von Eutin 1586/1598, Detail

Mit der Säkularisation, der Verstaatlichung des Kirchenbesitzes 1803, wurden Schloss Eutin und die zugehörigen Ländereien in den Familienbesitz der Herzöge von Oldenburg aus der Dynastie Schleswig-Holstein-Gottorf überführt. Der damals regierende Peter Friedrich Ludwig (1755–1829) amtierte fortan nicht mehr als Fürstbischof, sondern als Herzog (später Großherzog). Mit dem Ende der deutschen Monarchien 1918 ging das Schloss in den Privatbesitz der ehemaligen großherzoglichen Familie über. 1992 wurden Schloss und Inventar in die Stiftung Schloss Eutin überführt, die heute für das Museum und den Garten verantwortlich ist. Doch zurück zu Rudolph Matthias Dallin und zu den großen, bis heute prägenden Umbauarbeiten des Barock.

SCHLOSSANSICHT AUSSEN

Vor der Westfassade des Schlosses stehend, ist die Arbeit Dallins bis heute nachvollziehbar. (Abb. 5) Drei markante Türme erheben sich über dem Wassergraben: Der breite Nordturm, dessen Fundamente auf das frühe 17. Jahrhundert zurückgehen, der im 16. Jahrhundert begonnene Torturm im Zentrum, durch den man in den Innenhof des Schlosses gelangt, und der runde Südturm mit seiner gewölbten Haube, ebenfalls aus dem 16. Jahrhundert.

Dallin folgte den Wünschen seines Auftraggebers Herzog Christian August von Schleswig-Holstein-Gottorf,

Abb. 5 Schloss Eutin, Westfassade

Fürstbischof von Lübeck (1673–1726), nach einer repräsentativen Residenz und verband diese drei Türme zu einem hohen gleichmäßigen Baukörper, der sich beeindruckend über dem Vorplatz zur Bürgerstadt hin erhebt. Drei Reihen weitgehend symmetrisch angeordneter, hoher Fenster lassen dahinter weitläufige Festsäle und prächtige Wohnräume vermuten. Für die Anmutung von Ordnung und Eleganz der Fassaden sollte außerdem ein weißer Putz und Anstrich sorgen – zu dem es allerdings nicht kam. Bis heute bestimmt hingegen die warme Farbe des roten Backsteins die markante Außenansicht des Schlosses. Anders auf dem später, im 19. Jahrhundert erneuerten Vorplatz, wo sich zweistöckige Gebäude um eine zentrale Rasenfläche gruppieren. Hinter eleganten weißen Fassaden fanden dort eine Wagenremise, das Kavaliershaus mit Personalunterkünften sowie Marstall und Reitstall ihren Platz. Die elegante Fassadengestaltung des Vorplatzes bot den Schlossbewohnern einen attraktiven Ausblick und vergrößerte die Gesamtnutzfläche deutlich. Der Blick nach Süden wiederum lässt die weitläufige Gartenanlage erahnen.

Abb. 6 Affenskulptur an der Schlossbrücke

Auf den folgenden Seiten gilt es nun, die eindrucksvolle Architektur, die Schätze im Schlossinneren und die historischen Gärten zu entdecken. Der Weg führt zunächst in den Hof und von dort ins Innere des Schlosses. An den Rundgang durch die Beletage schließt sodann der Gartenspaziergang an.

Das Schlossinnere ist über die steinerne Brücke zugänglich, die den Wassergraben überspannt. Erst seit den 1910er-Jahren bewachen stadtseitig zwei Paviane aus Granit den Zugang zum Schloss. Die Entstehungszeit dieser Affenskulpturen liegt noch im Dunkeln. (Abb. 6) Ihre Form ist ägyptisch (~ 13. Jh. v. Chr.), wobei es sich sowohl um sogenannte »Sonnenpaviane« handeln könnte als auch um Abbilder des Gottes Thot. Es wird aktuell davon ausgegangen, dass Großherzog Nikolaus Friedrich Peter von Oldenburg (1827–1900) die Pavian-Skulpturen Ende des 19. Jahrhunderts als Kopien nach antik-römischen oder ägyptischen Originalen auf einer Mittelmeerreise kaufte. Ursprünglich waren sie im Kontext der großherzoglichen Hauptresidenz in Oldenburg am Elisabeth-Anna-Palais aufgestellt, bevor sie im frühen 20. Jahrhundert an ihren jetzigen Standort kamen.

TORTURM UND SCHLOSSHOF

Durch den hohen Torturm mit seinen unter dem Gewölbe hängenden ledernen Löscheimern (von 1776) wird der nahezu quadratische Innenhof erreicht. (Abb. 7) Hier wandelt sich der erste, eher raue nordische Eindruck der Außenfassaden schlagartig: In der regelmäßigen Gliederung, den Sandsteinportalen und im hellen Terrakotta-Farbton der verputzten Fassaden zeigt sich Dallins Ambition, die wehrhafte Burg in ein Barockschloss italienischer Prägung zu verwandeln. Es entstand tatsächlich eine beinahe mediterrane Wirkung, die sich besonders mit dem zentralen, plätschernden Springbrunnen an einem Sommernachmittag voll entfaltet. Dallin band hier wiederum jene wichtigen historischen Bauteile mit ein, die von der langen und ruhmreichen Geschichte des Bauwerks künden. Neben kleineren Türen öffnen drei große Portale den Weg ins Innere der jeweiligen Gebäudeflügel: Das Nordportal (Mitte links) stammt von 1616. (Abb. 8) Seinerzeit bildete es den repräsentativen Eingang zu einem in diesem Flügel gelegenen Fest- und Tanzsaal. Herzog Johann Friedrich von Schleswig-Holstein-Gottorf, Fürstbischof von Lübeck (reg. 1607–1634) richtete diesen Festraum ein. Sein Wappen prangt stolz in der Mitte des Portals und verweist auf die

Abb. 7
Schlosshof

noble Geburt und den umfassenden Herrschafts- und Gebietsanspruch seiner Dynastie (vgl. Wappentafel, vordere Klappe). Damals saßen die Mitglieder des Hauses Schleswig-Holstein-Gottorf erst seit 30 Jahren auf Schloss Eutin. Die genealogische Dokumentation durch das Wappen war dem Herzog und Fürstbischof also besonders wichtig. Johann Friedrichs Nachfolger, sein Neffe Johann von Schleswig-Holstein-Gottorf, genannt »Bischof Hans« (1606–1655), drückte dem Schlosshof mit gleich zwei Portalen, dem Ostportal und dem Südportal von 1640/50 wiederum den dynastischen Stempel auf. Hans hatte die zu Beginn seiner Regierung nach Süden noch offene Schlossanlage mit einem Gebäudeflügel geschlossen. Er war sowohl durch eine mütterliche Erbschaft sehr vermögend als auch ein fähiger Ökonom und so florierte die barocke Residenz Eutin in seiner Regierungszeit: Der Hofstaat wurde üppig vergrößert, das Schloss baulich erweitert und reich ausgestattet. Dementsprechend hoch und breit lässt Bischof Hans »sein« Südportal bauen, über dem zwei Löwen den Wappenschild halten. Hier befindet sich heute auch der Eingang ins Schlossmuseum.

SÜDPORTAL UND MUSEUMSEINGANG

Hinter der Tür öffnet sich ein breiter Korridor mit rotgrauen Öländer Steinplatten. An diesen Gang ließ Baumeister Dallin südlich die Audienz- und Privaträume des Herzogs Christian August anschließen. Dort befinden sich heute unter anderem Sonderausstellungsräume. Der Rundgang beginnt im ersten Stock, der über den Gang und die »Große Treppe« zu erreichen ist. Auf halbem Weg besteht die Möglichkeit, direkt nach rechts durch den »Gang nach dem Garten« auf die Südterrasse und in den Schlossgarten zu gehen. Das Treppenhaus mit seinen weitgehend erhaltenen alten Holzstufen führt in die Empfangs- und Festräume des ersten Stocks. (Abb. 9) Damit ist die Treppe ein elementarer Bestandteil der ritualisierten Festakte der Barockzeit. Herzog und Herzogin hatten die protokollarische Möglichkeit,

Abb. 8 Nordportal

Abb. 9 Große Treppe

oben auf die heraufsteigenden Gäste zu warten oder ihnen entgegenzukommen, um die Treppe gemeinsam hochzusteigen. Treppen wurden wie Bühnen gebaut, denn ihre zahlreichen Stufen eigneten sich perfekt, um die jeweilige Ranghöhe einer Person anzuzeigen und durch ein Entgegenkommen oder Warten deutlich zu markieren. Daher sind barocke Treppenhäuser häufig sehr breite, mehrläufige Anlagen. Nicht so in Eutin, wo Dallin keinen großen Neubau planen konnte, in dem eine solche Prunktreppe Platz gefunden hätte. Auf dem schmalen Grundriss des Südflügels musste er einfache Mittel wählen, um die höfischen Standards der Zeit einhalten zu können: Die Treppe musste hell sein, mit ihren breiten Stufen ein würdevolles Schreiten erlauben und es zwei gleichrangigen Personen ermöglichen, nebeneinander zu gehen – etwa wenn Dallins Auftraggeber Herzog Christian August von seinen Verwandten aus Schloss Gottorf Besuch erhielt. (Abb. 10)

An den Wänden des Treppenhauses hängen heute die Porträts von 16 Offizieren des »Preußischen Dragoner-Regiments von Holstein-Gottorf« von 1746/47. Ganz oben am Treppenabsatz rechts ist ihr Anführer, Georg Ludwig von Holstein-Gottorf (1719–1763) platziert. Dies weist auf eine

Abb. 10 Der Bauherr Christian August von Schleswig-Holstein-Gottorf, um 1710

weitere Möglichkeit hin, wie jüngere Söhne regierender Fürsten in früheren Jahrhunderten zu Geld und Beschäftigung kommen konnten: Sie dienten häufig als Offiziere im Militär befreundeter bzw. verwandter Herrscher und beförderten dabei durchaus politische Allianzen für ihre eigene Dynastie. In diesem Fall stellte sich Georg Ludwig in den Dienst des Königs von Preußen – Friedrichs II., des Großen (1712–1786) – und kämpfte über viele Jahre sehr erfolgreich für ihn.

Abb. 11 Johann Heinrich Wilhelm Tischbein, Menelaos und Helena, 1816

BELETAGE, TISCHBEINGALERIE

Die Beletage (französisch »bel étage«, das »schöne Geschoss«) im ersten Obergeschoss beruht in Eutin bis heute noch weitgehend auf den barocken Bauplänen Dallins. Bereits zu seiner Zeit befanden sich im Südwesten die Empfangs- und Wohnräume der Herzogin, im Nordwesten die großen Festsäle, im Nordosten Räume für Gäste sowie im Südosten die Schlosskapelle. In dieser Reihenfolge erschließt der Museumsrundgang auch heute das Gebäude. Den Auftakt bildet eine beeindruckende Galerie. Nachdem Dallin die Wohnräume von der Hofseite auf die Gartenseite verlegt hatte, schuf er diesen repräsentativen, breiten Gang. Heute wird er »Tischbeingalerie« genannt – eine Bezeichnung, die sich von den vier hier präsentierten großformatigen Gemälden ableitet.

Der Hofmaler Johann Heinrich Wilhelm Tischbein (1751–1829), vielen bekannt als Goethes Begleiter durch Italien und daher auch »Goethe-Tischbein« genannt, ist der Maler dieser vier großen Helden- und Heldinnendarstellungen, die von 1806–19 entstanden. Das erste Bild führt uns an den Rand der Schlacht um Troja: Menelaos, der König von Sparta, trifft zum ersten Mal wieder auf seine Ehefrau Helena, die vom trojanischen Prinzen Paris entführt worden war. (Abb. 11) Tischbein wählte den Moment, in dem die Wut des kriegerischen Königs auf seine untreue Frau umschlägt in Wehrlosigkeit und Faszination angesichts ihrer Schönheit. Während ihre Dienerinnen sich angstvoll wegducken, schwingt Helena ihren Mantel hinter den Rücken und enthüllt ihren perfekt geformten Körper unter dem beinahe transparenten Kleid. Gleichzeitig weist sie jede Schuld zurück, indem sie mit der linken Hand auf eine Statue der Aphrodite neben sich deutet. Verantwortlich für den geschehenen Ehebruch ist also die Göttin der Liebe und diese scheint Helenas Schicksal in jenem bedrohlichen Augenblick wieder zum Guten zu wenden. Auch in den drei weiteren Bildern treten sich ein Held und eine Heldin gegenüber. Ebenfalls der Eroberung Trojas durch die Griechen entstammt die zweite Szene: Der brutale Ajax schleift die Priesterin Kassandra aus dem Tempel ihrer Göttin Athene. Ruhiger, aber ebenfalls tragisch ist die dritte dargestellte Szene, die zwischen Odysseus und Nausikaa spielt. Obwohl sich die Prinzessin Nausikaa in den Irrfahrer Odysseus verliebt hat, zieht es diesen zurück zu seiner Ehefrau Penelope in sein Königreich Ithaka und er verlässt seine enttäuschte Verehrerin. Das vierte Gemälde blendet noch einmal zurück auf den Kriegsschauplatz bei Troja: Der griechische Krieger Achill hat die für die Trojaner streitende Amazonenkönigin Penthesilea getötet und verliebt sich im Augenblick ihres Sterbens in sie.

Tischbein ging es darum, die Charaktereigenschaften seiner Heldinnen und Helden herauszuarbeiten und die Motivation ihres Handelns in dramatischen Situationen deutlich erkennbar und nachfühlbar werden zu lassen. Die Betrachtenden sollten die großen antiken Figuren intensiv kennenlernen können – wie heute im Hollywood-Film. Die Ungleichheit zwischen den meist dominanten männlichen Figuren und den erduldenden weiblichen Figuren, die heute irritiert, gehört dabei zu den fest gefügten Geschlechtervorstellungen der Zeit um 1800. Ursprünglich war diese Gemäldefolge zur Ausstattung der neuen Hauptresidenz in Oldenburg geschaffen worden, erst nach 1918 gelangten die Bilder nach Eutin.

Abb. 12 »Strackzimmer« mit Blick in den Schlossgarten

STRACKZIMMER

Zwischen den großformatigen Gemälden öffnet sich eine Flügeltür zum Appartement der Herzogin. An dieser Stelle beginnt eine Raumflucht, die vor allem den politischen, aber auch den privaten Tätigkeiten der Herzogin gewidmet war. Doch auch der Herzog konnte die Räume seiner Gemahlin nutzen, etwa um Gesprächen und Empfängen einen weniger offiziellen Anstrich zu geben, als sie ihn in seinen eigenen Räumen erhalten hätten. Die Appartements von Herzog und Herzogin liegen im Schloss Eutin direkt übereinander und haben die gleichen Abmessungen. Mit drei großen Fenstern öffnet sich das heute »Strackzimmer« genannte Vorzimmer der Herzogin zum Garten hin. (Abb. 12) Es war Dallins Idee, die vorher zum Hof gerichteten Räume an die Südseite zu verlegen, um den reichen Einfall des Sonnenlichts mit seiner Wärme zu nutzen sowie den Blick über den zeitgleich angelegten (damals barocken) Garten zu ermöglichen.
Die hellgrün getönte Wand holt die Farben des Gartens in den Raum hinein, in dem zurückhaltend edle Möbel und

Kunstwerke der Zeit um 1780–1800 ausgestellt sind. Links befindet sich ein weiteres Highlight der Gemäldesammlung, die großformatige Darstellung des Eutiner Schlossgartens, die um 1800 durch den Hofmaler Ludwig Philipp Strack (1761–1836) – einen Verwandten Tischbeins – geschaffen wurde. (Abb. 13) Das Gemälde zeigt den Garten nach seiner Umgestaltung vom strengen Barockgarten französischer Prägung zum Englischen Landschaftsgarten. Auf der Louis-XVI.-Kommode neben dem Ofen zählt eine besonders schöne Pendeluhr die Stunden des Tages. Das Uhrwerk sitzt im zentralen runden Gehäuse, das wie der gesamte Korpus üppig mit plastischem Schmuck aus vergoldeter Bronze versehen ist.

Abb. 13 Ludwig Philipp Strack, Ansicht des Eutiner Schlossgartens, um 1800

GARTENKABINETT

Diesen kleinen Nebenraum sah Dallin ursprünglich zur Unterbringung des jungen Prinzen Adolf Friedrich (1710–1771) vor. Er war der Sohn von Dallins Auftraggeber Herzog Christian August. Vielleicht war die Idee, dass der zu Beginn der Umbauarbeiten erst siebenjährige Prinz noch in der Nähe seiner Mutter wohnen sollte, deren Schlafgemach sich drei Räume weiter befand. Tatsächlich zog der Prinz jedoch schließlich im Erdgeschoss ein. Weil sein älterer Bruder

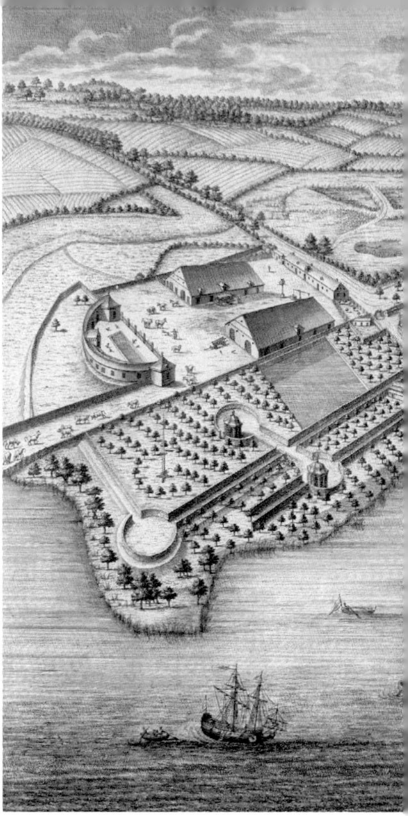

Abb. 14 Johann Christian Lewon, Prospect des Hochfürstlich Bischöflichen Lust-Gartens, 1732–1742

jung verstarb, wurde aus dem kleinen Adolf Friedrich später der nächste Herzog und Fürstbischof auf Schloss Eutin und schließlich erkor man ihn sogar zum König von Schweden (1751). Heute zeigt dieser schmale Raum eine der größten Errungenschaften Adolf Friedrichs für Schloss Eutin: die Vollendung des von seinem Vater Christian August bereits angelegten Schlossgartens zu einer riesigen barocken Gesamtanlage.

Geplant und umgesetzt wurde dieser Barockgarten, von dem sich nichts erhalten hat, durch den Gartenarchitekten Johann Christian Lewon (um 1690–1760). Um alle Welt von der prachtvollen Residenz mit ihrem Garten wissen zu lassen, wurden die Gartenpläne und -ansichten in Kupfer gestochen. (Abb. 14) Ein Teil der Folge von insgesamt 15 Blättern, die alle Details des Gartens wiedergeben, ist heute in diesem Raum ausgestellt. Besonders spannend sind die beiden großen Pläne, die das enorme

Ausmaß des über zwanzig Jahre andauernden Gartenausbaus genau dokumentieren. Die kleineren Ansichten zeigen einzelne Partien der im Sinne des Barocks stark geometrisch geordneten Gartenanlage, die die Schlossräume in die Natur ausdehnt: Die Broderie-Parterres nahe am Schloss – jene Flächen, die wie mit Zierstickerei (französisch »broderie«) gefüllt zu sein scheinen – und die Boskette, die als Gartenräume aus Büschen und Hecken den gesamten hinteren Teil der Anlage gestalten. Der Garten des Barock wurde wie ein Bauwerk durchschritten und die Boskette dienten unterschiedlichen Zwecken: für Rasenspiele, Spaziergänge im Schatten, zur Erfrischung an einem Wasserspiel, für Theateraufführungen und vieles mehr. Trotz des enormen Pflegeaufwands, der auf den Kupferstichen immer wieder auch durch kleine Gärtnerfiguren angedeutet wird, bestand dieser kostspielige Barockgarten bis 1785.

ROTER SALON

Der sogenannte »Rote Salon« erhielt seinen Namen von der kostbaren Wandbespannung aus golddurchwirktem rotem Damast, einem Seidengewebe, das um 1720 entstand und glücklicherweise bis heute erhalten geblieben ist. (Abb. 15) Der Raum diente der Herzogin als zweites Vorzimmer und Audienzzimmer. Das Wort Audienz stammt vom lateinischen Wort für Hören: audire. Hier »hörte« also die Herzogin zum Beispiel die Bitten aus der Bevölkerung oder Anträge ihrer Beamten. Hier konnte sie versprechen, sich für ein Anliegen einzusetzen oder auch direkt mit einem Rat oder der Zusage finanzieller Unterstützung reagieren. Audienzen verliefen von Hof zu Hof sehr unterschiedlich. Noch ist nicht ausreichend bekannt, wie die Eutiner Herzoginnen

Abb. 15 Der »Rote Salon« mit Baldachin und Thronsesseln

auftraten und agierten. Sicher ist, dass alle Antragstellerinnen und Antragssteller präsentabel gekleidet kamen, sich vor der Herzogin verneigten und auch nur dann sprachen, wenn sie dazu aufgefordert wurden.

Heute ist im Raum ein großer dunkelblauer Baldachin aufgebaut. Er wurde wie die beiden Thronsessel in der zweiten Hälfte des 19. Jahrhunderts in der Hauptresidenz Oldenburg verwendet. Neben den Türen sind zwei Porträts des 18. Jahrhunderts zu sehen. Links das Bildnis der Johanna Elisabeth (1712–1760) von Holstein-Gottorf, verheiratete Fürstin von Anhalt-Zerbst. Auch sie lebte zu Dallins Zeit als Tochter des Herzogs Christian August im Schloss. Das repräsentative Porträt zeigt sie als erwachsene Frau und präsentiert sie ehrfurchtgebietend als Regentin über das Fürstentum Anhalt-Zerbst. Diese Position übernahm sie nach dem Tod ihres Ehemannes Fürst Christian August von Anhalt-Zerbst (1690–1747), wohl im Porträt auf der gegenüberliegenden Wand dargestellt, für ihren minderjährigen Sohn. Ihre besonders enge Verbindung nach Russland zeigen das rote Band und der perlenbesetzte Stern des »Ordens der Heiligen Katharina« an. Dieser Orden wurde nur an Prinzessinnen aus dem Haus Romanow verliehen. Als solche zählte sich Johanna Elisabeth ab 1745, denn damals verlobte sich ihre Tochter mit dem zukünftigen Zaren von Russland. Später sollte diese Tochter als Katharina II. (die Große) von Russland (1729–1796) in die Weltgeschichte eingehen.

EUROPAZIMMER

Das sogenannte »Europazimmer« war über Jahrhunderte das Schlafzimmer der Herzogin. (Abb. 16) Damit ist im 18. Jahrhundert allerdings kein intimer und persönlicher Raum im heutigen Sinn gemeint, sondern ein offizieller Prunkraum. Im Schlafzimmer konnten besonders hochrangige Gäste oder hochadelige Verwandte empfangen werden und es fanden auch gesellige Treffen der herzoglichen Familie statt. Hier stand wohl ehemals ein prachtvoll gestaltetes Bett mit Baldachin. Es konnten aber zusätzlich Sessel, Sofas und Tische herbeigebracht werden, um zusammenzusitzen, sich zu unterhalten oder zu spielen. Dass dieser Raum ein Zentrum des alltäglichen höfischen Lebens war, beweist eine kleine Wendeltreppe, die gleich neben

Abb. 16 »Europazimmer«, Schlafzimmer der Herzogin

dem Durchgang zum »Roten Salon« hinter einer Tapetentür verborgen ist. Sie verbindet die direkt übereinander gelegenen Schlafzimmer und damit auch die Wohnungen von Herzog und Herzogin miteinander. Über diese Stiege konnten sich die Bediensteten, aber auch das herzogliche Ehepaar und dessen Kinder rasch und ohne lange Umwege zwischen den Stockwerken bewegen. Weil sie versteckt liegt, bezeichnete Dallin sie in seinen Plänen von 1717 als »Geheime Treppe«.

Das »Europazimmer« ist mit der aufwendigsten Stuckdecke des Schlosses versehen. Sie wurde vermutlich von dem Stuckateur Enrico Brenno (get. 1688) und seiner

Abb. 17 Stuckdecke und Deckengemälde im »Europazimmer«

Abb. 18
Pendeluhr im
Boulle-Stil

Werkstatt entworfen und ausgeführt. Brenno erdachte für das Zimmer ein weltumspannendes Programm mit Figuren, die jene vier im Barock bekannten Erdteile Afrika, Europa, Amerika und Asien symbolisieren. (Abb. 17)

Die Figuren und ihre Beigaben zeigen einerseits, wie viel oder wie wenig die Menschen des Barock von den anderen Erdteilen wussten. Andererseits demonstrieren die Bilder an der Decke auch Vorurteile, die damals und vielleicht sogar noch heute bestehen, wenn es um »fremde« Länder geht. Gleich neben der Eingangstür ist »Afrika« dargestellt. Die Figur ist nackt, außer ihrer Kopfbedeckung in Form eines Elefantenkopfes mit Rüssel und Stoßzähnen. Mit Skorpion, Schlange und Löwe ist sie von gefährlichen Tieren umgeben, doch in der Hand hält sie ein Füllhorn. Der Künstler spielt hier mit den Themen Überfluss und Sinnlichkeit, aber auch vermeintlicher »Fremdheit« und Gefahr. Von »Europa«, der Figur an der Fensterseite, gibt der Künstler hingegen ein völlig anderes Bild: Sie trägt als einzige der insgesamt vier Frauenfiguren eine Krone auf dem Haupt, hält einen Turm in der Hand und hat Waffen zu ihren Füßen. Interessant ist, dass obwohl auch auf den anderen Kontinenten Herrscher regierten, Bauwerke entstanden und Kriege geführt wurden, nur Europa solche Zeichen zugeordnet bekam, die für Adel und Kunstfertigkeit, Macht und Stärke stehen. Dadurch wird Europa vor allen anderen Kontinenten besonders ausgezeichnet. Ihr wurde also bildlich eine Vormachtstellung zugeschrieben, die indirekt rechtfertigte, dass »fremde«, nicht gleichgestellte Kontinente von ihr erobert und ausgebeutet werden durften. Dass dieses Ausbeuten nicht-europäischer Menschen und Länder eine lange Geschichte hat, wird ebenfalls an der Decke geschildert: Im kleinen runden Gemälde rechts der Fenster ist eine halbnackte Person mit Turban zu sehen, die in einem Bergwerk arbeitet: Zu dieser Zeit wurden in südamerikanischen Minen Edelsteine, Silber und Gold abgebaut, die dann nach Europa exportiert und dort gehandelt wurden.

Die Personifikation Europas findet sich außerdem im großen, zentralen Deckengemälde wieder. Hier wird der griechisch-antike Mythos vom Raub der Prinzessin Europa durch den griechischen Gott Zeus erzählt, der sich in einen weißen Stier verwandelt hatte. Nach dieser mythischen Frauenfigur, die der Stier nach Kreta entführte, ist der gesamte Kontinent benannt.

Neben dem Mobiliar des 17. Jahrhunderts fällt in diesem Raum besonders eine große Uhr auf: eine Prunkpendule im Boulle-Stil. (Abb. 18) Der Name leitet sich vom französischen Erfinder der aufwendigen Einlegearbeit her, mit der das Gehäuse dieser Uhr verkleidet ist. André Charles Boulle (1642–1732) entwickelte eine Marketerietechnik (Einlegearbeit), die leuchtendes Schildpatt (vom Panzer der Karettschildkröte) und glänzendes Messingblech miteinander verband. Über Jahrhunderte galten Objekte und Möbel dieser Machart als absolute Luxusobjekte. Die herzogliche Familie erwarb diese ungewöhnlich große Pendeluhr vermutlich um 1872. In vollständig restauriertem Zustand kann die Uhr zur ganzen Stunde eines von insgesamt zehn Musikstücken über ihr eingebautes Glockenspiel (französisch »carillon«) erklingen lassen.

Abb. 19 Allegorie des Friedens. Mars legt seine Waffe ab und wendet sich Venus zu, von unbekannter Hand, 18. Jahrhundert

RUNDTURMZIMMER

Einige Schritte führen in das südlich gelegene »Rundturmzimmer« der Herzogin. Es ist eines der Nebengemächer, die kleiner und daher weniger repräsentativ sind als die großen Räume. Das Rundturmzimmer diente der Herzogin als Kabinett, also als Rückzugsraum für ruhigere Beschäftigungen: das Schreiben von Briefen, das Studieren von Büchern oder Sammlungsobjekten sowie der Unterhaltung im kleinen Kreis. Mit seinen umlaufenden Fenstern bietet das Turmzimmer für all diese Tätigkeiten ideale Lichtverhältnisse. Anders als in jedem anderen Schlossraum fehlen hier auch Sprossen in den Fenstern – dies offenbart, wie wichtig der Bewohnerin ein unverstellter, inspirierender Blick ins Grün der Gärten war.

Die große lederbezogene Schreibkommode passt mit ihrer Rundung genau zu den Wänden des »Rundturmzimmers«. Sie wurde nach der Überlieferung allerdings für den Herzog angefertigt und stand daher wahrscheinlich ursprünglich in dessen rundem Kabinett direkt im Stockwerk unterhalb. Das Deckengemälde spielt auf die Rollen von Herzog und Herzogin als Behüter und Behüterin ihres Landes an. (Abb. 19) Die Herzogin wird symbolisiert durch die Liebesgöttin Venus, die – turtelnde Friedenstauben zu ihren Füßen – mit ihrem goldenen Apfel spielt. Der Herzog wird symbolisiert durch den Kriegsgott Mars, der seine Waffen jedoch ablegt, um sich seiner Frau zu widmen. So lautet die hoffnungsvolle Botschaft dieses Bildes: »Liebe bringt Frieden«.

ANKLEIDEZIMMER

Im »Ankleidezimmer« bereiteten die Zofen und Hofdamen ehemals die Gewänder der Herzogin vor. Mit seinem barocken gusseisernen Ofen ist dieser Raum gut beheizbar und konnte nach dem Ankleiden auch als Wohnzimmer benutzt werden. Die gerahmten kleinen Bilder an der Wand stammen aus der Zeit um 1780 und zeigen unter anderem das damals regierende Herzogspaar Ulrike Friederike (1722–1788, geb. von Hessen-Kassel) und Friedrich August von Holstein-Gottorf (1711–1785) als dunkle Silhouetten. (Abb. 20) Friedrich August war der jüngere Bruder der bereits erwähnten Geschwister Adolf Friedrich und Johanna Elisabeth und regierte ab 1751. Die detailreichen Silhouettenbilder, eine besonders beliebte Spezialität des späten 18. Jahrhunderts, bilden die Grundlage der ab 2024 im Raum ausgestellten Rekonstruktion eines spätbarocken Damenkleides, einer »Robe à la Circassienne«. Ein außergewöhnliches Gemälde ist das großformatige Stillleben: Es wird Katharina der Großen zugeschrieben. Sie soll es eigenhändig gemalt und mit den Wappen ihrer Mutter Johanna Elisabeth versehen haben. Es gelangte wohl als Geschenk nach Schloss Eutin.

Abb. 20 Die Silhouetten der Herzogin Ulrike Friederike und Herzog Friedrich August von Holstein-Gottorf, um 1780

HOFDAMENZIMMER UND KACHELKÜCHE

Die folgenden Räume befinden sich im Torturm des Schlosses. Über die kleine Treppe links gelangt man in die niedrigeren, aber mit der Aussicht auf den Schlossvorplatz doch hübsch gelegenen Zimmer. Linker Hand war die Hofdame der Herzogin untergebracht. Die Hofdame war keine der einfacheren Dienerinnen, die vermutlich im Vorraum auf Klappbetten schliefen. Für die ehrenvolle Stellung als Gesellschafterin der Herzogin oder für gehobene Aufgaben in deren Hofstaat wurden junge Damen aus dem Landadel oder entfernte Verwandte der herzoglichen Familie ausgewählt.

Ein außergewöhnlicher Raum befindet sich rechter Hand: Neben der heute nicht mehr existierenden, großen Hauptküche im Erdgeschoss gab es auf Schloss Eutin eine kleine Prunkküche. 1727 wird sie erstmals erwähnt als »kleine Küche der Herzogin, mit blauen und weißen, holländischen Klinkern ausgesetzt«. Die kostbaren, importierten Kacheln wurden wohl um 1720 in einer Rotterdamer Manufaktur hergestellt und zeigen verschiedene belebte Landschaftsmotive. Diese Gestaltung weist die Küche als besonderen Repräsentationsraum der Herzogin aus. Im Kontrast zur schweren Arbeit in der verrußten, lauten und hektischen Atmosphäre der großen Schlossküche, wo das Personal das Essen für die Herrschaft und deren Gäste zubereitete, diente dieser Raum der eleganten Unterhaltung. Er bot den perfekten Rahmen für den Genuss der luxuriösen, damals neuen Heißgetränke Kaffee, Tee und Schokolade oder zum Servieren einer Süßspeise. Herzogin Ulrike Friederike und ihre Schwiegermutter zeigten sich als Besitzerinnen der neuesten und schönsten Errungenschaften der Küchentechnik und Küchengestaltung.

Abb. 21 Die »Kachelküche« ▶

Abb. 22 Die auf Schloss Eutin residierende Familie der Herzöge von Holstein-Gottorf, später Großherzöge von Oldenburg:

Christian August (1), neben ihm seine Gemahlin Albertine (2), umrahmt von ihren drei Söhnen Karl (3), Friedrich August (4) und Adolf Friedrich (5) und ihrer Tochter Johanna Elisabeth (6). Es folgen drei Enkel: Peter Friedrich Wilhelm (7), Hedwig Elisabeth (8) und Katharina von Russland (9). Der vierte Sohn Christians und Albertines Johann Georg (10) und dessen Sohn Peter Friedrich Ludwig (11, zwei Porträts) sowie dessen Frau Friederike (12) und deren gemeinsame Söhne Peter (13) und Paul (14), letzterer umringt von seinen drei Gemahlinen Adelheid (15) Ida (16) und Cäcilie (17). Vergleiche auch die Stammtafel S. 84–85.

WEDGWOODZIMMER

Mit dem »Wedgwoodzimmer« (ehemals »Gottorfzimmer«) beginnt der nordwestlich gelegene Festsaaltrakt des Eutiner Schlosses. Dieser Flügel umfasst vier Säle, die je nach Umfang der hier gefeierten Feste entweder alle zusammen oder einzeln genutzt wurden. Das Öffnen der Türen erlaubte je nach Anlass einen individuellen Zuschnitt: für Tanz, Bankett, Spiel oder Gespräch. Die Porträtgalerie mit Bildnissen bedeutender Verwandter konnte hier von den zahlreichen Gästen bewundert werden. Heute beginnt die Porträtwand links mit dem Porträt Herzog Christian Augusts von Schleswig-Holstein-Gottorf, dem Auftraggeber Dallins. (Abb. 22) Über seine Gemahlin Albertine Friederike von Baden-Durlach (1682–1755), sowie Kinder und Enkel ist der Familienstammbaum über drei Generationen hinweg zu verfolgen. Dabei verändert sich der Malstil der Bildnisse deutlich erkennbar vom üppigen Barock zum strengeren Klassizismus.

Dieser Wandel ist jedoch nicht nur in den Porträts, sondern auch in der Innenausstattung – Wandgestaltung und Möbeln – zu erkennen. Der klassizistische, von der griechischen und römischen Antike inspirierte Stil prägt diesen Raum besonders deutlich, und dafür ist vermutlich Herzog Peter Friedrich Ludwig mit verantwortlich. Möglicherweise hat er jene vier Wedgwoodvasen angekauft, die an der Wand rechts in vier speziell angefertigten Vitrinen stehen und dem Raum heute seinen Namen geben. (Abb. 23) Die Vasen stammen aus der seinerzeit international berühmten Werkstatt des Josiah Wedgwood (1730–1795) in England und bestehen aus »Jasperware« – einem besonderen keramischen Material. Sie sind antiken Vasentypen nachempfunden und zeigen in reduziertem Weiß auf Blau Szenen aus den antiken Göttermythen. Auf der breiten Kratervase mit Deckel tanzen ausgelassene Bacchanten (das Gefolge des Weingottes Bacchus). Auf den Amphorenvasen mit den hohen Henkeln schwebt der Wagen der Liebesgöttin Venus über den Himmel. Die Zierbänder und Schmuckformen auf den Vasen finden sich in Varianten überall im Raum wieder: Von den Vitrinen über die Sessel und die Konsoltische bis zu den Rahmen der Spiegel und Wandfelder sind die Möbel in ihrer Gestaltung durch die Wedgwoodvasen inspiriert. (vgl. Abb. 2, S. 4)

Vor über 200 Jahren erstrahlten diese exquisiten Kunstgegenstände im Licht des riesigen, zentral im Raum hängenden böhmischen Kronleuchters. Hunderte Behänge aus Kristallglas warfen das Kerzenlicht in mannigfachen Reflexen zurück und machten den Lüster zu einem funkelnden Leuchtobjekt.

Der Initiator dieses Raumes, Herzog Peter Friedrich Ludwig hat als Vertreter des aufgeklärten Absolutismus besondere Verdienste um die Schlossgeschichte. Er suchte den persönlichen Austausch mit Gelehrten und Künstlern in der Stadt Eutin, darunter mit Johann-Heinrich Voß (1751–1826), dem seinerzeit berühmten Übersetzer der Werke Homers, dem Schriftsteller und Diplomaten Friedrich Leopold Graf zu Stolberg (1750–1819) und mit dem Hofmaler Tischbein. Aus dem repräsentativen Barockgarten seiner Vorgänger entwickelte Peter Friedrich Ludwig den ersten Englischen Landschaftsgarten in Schleswig-Holstein und machte ihn für die Eutiner Bürgerschaft frei zugänglich.

Abb. 23 Wedgwoodvase mit dem Wagen der Venus, um 1780

TAPETENZIMMER

Das angrenzende »Tapetenzimmer« weist ebenfalls einen besonderen Kronleuchter auf: Im Gegensatz zum »Wedgwoodzimmer« handelt es sich hier jedoch um einen sogenannten Glasarm-Kronleuchter. Bei dieser Leuchterform bestehen neben den Behängen auch die Leuchterarme aus Glas, ein im zentralen Glaskorpus verborgenes vergoldetes Holzstück hält die Konstruktion sicher zusammen. (Abb. 24) Diesen Raum schmücken außerdem Elemente einer handgedruckten Tapete, die vermutlich im frühen 19. Jahrhundert in Frankreich gefertigt wurde. Zwischen den Flügeltüren

Abb. 24 Tapetenzimmer

zum »Wedgwoodzimmer« befindet sich ein hoher weißer Kachelofen, der vermutlich in den 1840er-Jahren eingebaut wurde und wohl von der innovativen Eutiner Ofenfabrik Niemann hergestellt wurde. Diese erfolgreiche Manufaktur lieferte neben sehr effizienter Heiztechnik auch eine qualitätvolle Gestaltung für ihre Öfen. Niemann orientierte sich an Entwürfen des preußischen Architekten und Gestalters Karl Friedrich Schinkel (1781–1841) und nutzte Vorlagen des Eutiner Hofmalers Tischbein. In Schloss Eutin hat sich in beinahe jedem Raum ein historischer Ofen erhalten. Bemerkenswert sind neben den Kachelöfen der Ofenfabrik Niemann vor allem auch die Eisengussöfen des Barock.

SPEISEZIMMER UND PORZELLANKABINETT

Im Jahr 1850 wurde im nordwestlichen Turmzimmer ein »Speisezimmer und Porzellankabinett« dauerhaft eingerichtet. (Abb. 25) Die Doppelfunktion dieses Raumes zum Speisen auf und zum Bewundern von Porzellan ist bemerkenswert. Der Einbau einer Wandvertäfelung mit kleinen Konsolen, auf denen kostbares Geschirr zur Schau gestellt werden konnte, erfolgte in der Regierungszeit des Sohnes Peter Friedrich Ludwigs, Großherzog Paul Friedrich Augusts von Oldenburg (1783–1853). Zu jener Zeit lag die Hauptresidenz der Familie bereits in Oldenburg im heutigen Niedersachsen, Eutin war zur Neben- und Sommerresidenz geworden. Umbauten dieser Zeit dienten dazu, die umfangreiche Nutzung des Eutiner Schlosses durch den großen Oldenburger Hofstaat in den Sommermonaten zu gewährleisten. Dieses »Speisezimmer« war aber vermutlich eher für intimere Runden mit sechs bis 18 besonders ausgesuchten Gästen geplant worden: Denn ein runder Tisch kennt keine Rangordnung, es gibt keine Ehrenplätze wie an einer rechteckigen Tafel. Wer hier Platz nahm, durfte sich geehrt fühlen, gleichberechtigt und familiär mit dem Großherzog und der Großherzogin zu speisen. In der aktuellen Präsentation ist die Tafel für zwölf Personen mit dem Service »Rocaille« der Königlichen Porzellan Manufaktur Berlin (KPM) eingedeckt und erweckt den Eindruck einer abendlichen Festtafel um 1900. Hinter den weißen Wandpaneelen verbergen sich Schränke für weiteres Tafelgeschirr.

Abb. 25 Speisezimmer

RITTERSAAL

Der »Rittersaal« ist der größte Raum des Schlosses. (Abb. 26) Seit dem 16. Jahrhundert ist an dieser Stelle im Nordflügel ein Raum für große Empfänge und Feste nachweisbar. Baumeister Dallins Innovation für diesen Saal bestand darin, ihm einen gleichmäßigen Grundriss zu geben und an den Stirnseiten die beiden reich mit Stuck verzierten großen Kamine einzubauen. Auch die Decke sollte deutlich erhöht werden. Dieser Plan wurde allerdings erst im 19. Jahrhundert umgesetzt. Der »Rittersaal« nimmt die gesamte Breite des Schlossflügels ein, ist aber nur nach Norden hin mit Fenstern versehen. Die südliche Wand besitzt zwar ebenfalls Fenster, diese wurden aber später durch eine Einbauwand verstellt, um hier großformatige

Abb. 26 »Rittersaal«

Porträtgemälde zu präsentieren. Solche Porträts dienten der Darstellung der weit verzweigten Familienverhältnisse. Für Eingeweihte funktionieren sie wie ein Stammbaum, doch auch ohne die genauen Verwandtschaftsverhältnisse zu kennen, erfuhren alle Gäste, dass die (groß-)herzogliche Familie in Eutin mit dem dänischen und dem schwedischen Königshaus sehr eng verwandt war.

Das große Familienbildnis rechts zeigt den schwedischen König Karl XI. (1655–1697, 2. von links) mit seiner Familie. (Abb. 27) Hofmaler David Klöcker Ehrenstahl (1628–1698) fertigte es vermutlich 1692. Von entscheidender Bedeutung für Eutin sind die junge Prinzessin mit dem Hündchen im Arm ganz rechts und jener Prinz, der sich von hinten über das Sofa ins Bild beugt (3. von rechts): Dies sind Hedwig Sophie von Schweden (1681–1708) und Friedrich IV. von

Abb. 27 David Klöcker Ehrenstahl, König Karl XI. von Schweden mit seiner Familie, ca. 1692

Schleswig-Holstein-Gottorf (1671–1702), ein Bruder von Dallins Auftraggeber Herzog Christian August. Die beiden heirateten wenige Jahre nach der Anfertigung dieses Porträts. Durch diese Ehe erlangte später Adolf Friedrich von Holstein-Gottorf, der bereits im »Gartenkabinett« als Vollender des Barockgartens auftrat, den schwedischen Thron für sich und seine Nachfahren.

Adolf Friedrichs Porträt und das seiner Gemahlin Luise Ulrike (1720–1782, geborene Prinzessin von Preußen) hängen einige Schritte weiter. Die Gemälde sind einem Königspaar angemessen mit geschnitzten Kronen oben auf den Rahmen versehen – sie stammen vom preußischen Hofmaler Antoine Pesne (1683–1757). Das Porträt Adolf Friedrichs entstand im Kontext seiner Verlobung mit Luise Ulrike 1744 in Berlin. Um das Porträt anzufertigen, musste sich Pesne wahrscheinlich mit einer Druckgrafik als Vorlage behelfen, da Adolf Friedrich damals bereits als König in Schweden weilte. Auch seine Verlobte Luise Ulrike sah ihren späteren Ehemann zum ersten Mal bei ihrer Ankunft in Schweden. Ihr Porträt zeigt sie in einer kostbaren silbernen, mit Blumen

Abb. 28 Karel van Mander, König Christian IV. von Dänemark, 1641

durchwirkten Robe. Der blaue Samtmantel mit Hermelinfutter und die Krone bei Ihrer linken Hand stellen sie bereits als schwedische Königin dar.

In der Mitte der Wand prangt ein überlebensgroßes Reiterporträt König Christians IV. von Dänemark (1577–1648). (Abb. 28) Auch zu diesem Monarchen bestanden enge dynastische Verbindungen: Er war der Urgroßvater mütterlicherseits von Dallins Auftraggeber Herzog Christian August. Dargestellt ist der König von Hofmaler Karel van Mander (1609/1610–1670) als entschlossener Feldherr in der Schlacht. Von einem hoch gelegenen Aussichtspunkt, dem Feldherrenhügel, kommandiert er seine Soldaten mit einer beeindruckenden gezückten Hiebwaffe und ausgerüstet mit zwei Pistolen.

Die Zusammenstellung jener Gemälde, die hier hingen und zum Teil noch heute präsentiert werden, änderte sich über die Jahrhunderte vielfach: So wurden Gemälde zwischen den Residenzen der Familie getauscht oder auch neue angekauft. Zuletzt versuchte man im 19. Jahrhundert sogar, anhand der Stammtafeln der Familienzweige eine möglichst vollständige Familiengalerie neu zu erstellen und über alle Räume von Schloss Eutin zu verteilen. Spätere Umbrüche, zum Beispiel das Ende der Monarchie in Deutschland und zwei Weltkriege, führten erneut zu Veränderungen, sodass heute nur noch ein Teil der ehemals vorhandenen Porträts erhalten ist.

NORDGALERIE

Der Zugang zum Festsaaltrakt des Schlosses erfolgte über die anschließende »Nordgalerie«, die früher ebenfalls mit Porträts ausgestattet war. Heute stellen zwei Stammbäume die weite Vernetzung der Herzöge von Schleswig-Holstein-Gottorf und späteren Großherzöge von Oldenburg dar. Von großem historischem Wert ist der gemalte barocke Stammbaum. Der Künstler Julius Strachen (gest. 1648) illustrierte hier unter anderem den bedeutenden Anspruch, »Erbe von Norwegen« zu sein, den die Eutiner Fürstbischöfe und Herzöge aufgrund ihrer Abstammung von König Christian I. von Dänemark, Schweden und Norwegen in ihrem Wappen und in ihrem Titel führten.

GÄSTEZIMMERTRAKT, KATHARINENZIMMER

Die nächste Schwelle führt in den nördlichen Teil des Ostflügels. Hier plante Dallin eine weitere Folge großzügiger Räume für Gäste oder erwachsene Prinzen und Prinzessinnen. Die Räume sind in Form einer »Enfilade« (deutsch »auffädeln«) gestaltet. Dies bedeutet, dass es sich immer um Durchgangsräume handelt. Die Türen sind dabei so hintereinander angeordnet, dass Besuchende, wenn alle Türen offenstehen, fast über die komplette Länge des Gebäudes sehen können. (Abb. 29) Nicht nur die beeindruckende Größe des Schlosses wird so erfahrbar, sondern auch eine ganze Reihe kostbar und verschiedenfarbig ausgestatteter Räume. Die Idee zu diesem hochrepräsentativen und noch heute beeindruckenden Effekt stammt aus dem französischen Schlossbau des Barock.

Die ersten, noch im Nordflügel gelegenen Räume sind heute der Darstellung der dynastischen und politischen

Abb. 29 Enfilade im Ostflügel

Abb. 30 »Katharinenzimmer«

Verbindungen der Eutiner Herzogsfamilie zum russischen Zarenhaus gewidmet. Der erste Raum bietet gleich linker Hand ein überlebensgroßes Porträt von Zar Peter dem Großen (1672–1725) in ganzer Figur. An der Fensterseite hängen Bildnisse seiner Töchter Elisabeth (1709–1762) und Anna (1708–1728). Beide verlobten sich mit Herzögen von Schleswig-Holstein-Gottorf, die in Eutin und Schleswig residierten. Letztlich führten diese Verbindungen dazu, dass die Dynastie Holstein-Gottorf (unter dem Namen Romanow-Holstein-Gottorf) auf den russischen Zarenthron gelangte.

Im angrenzenden Raum, dem sogenannten »Katharinenzimmer« (Abb. 30), befinden sich an der den Fenstern gegenüberliegenden Wand die Porträts zweier besonders wichtiger Familienmitglieder, die auf den russischen Zarenthron gelangten: Der zweite von rechts ist Karl Peter Ulrich, geborener Herzog von Holstein-Gottorf, später Zar Peter III. (1728–1762). Rechts neben ihm folgt das Bildnis seiner jungen Gemahlin Katharina. Als Zarin erhielt sie später den

Beinamen »die Große«. Sie war eine der prägendsten Figuren der Geschichte Russlands. Als solche präsentiert sie sich an der rechten Wand in einem beeindruckenden Gemälde des schwedischen Hofmalers Alexander Roslin (1718–1793). (Abb. 31) Das Porträt vereint in sich die Schönheit und Macht einer weiblichen Herrscherin. Auch Katharina hatte eine Beziehung zu Schloss Eutin: Ihre Mutter Johanna Elisabeth lebte hier als junge Prinzessin und auch Katharina selbst besuchte das Schloss als Mädchen. Die links anschließenden Bildnisse zeigen Katharinas Sohn Paul I. (1754–1801) sowie dessen Gemahlin Maria Fjodorowna (1759–1828), die nach ihrem Tod den Thron bestiegen. Bemerkenswert ist in diesem Raum – neben der handbemalten, hellgrünen Wandbespannung vermutlich aus dem Ende des 18. Jahrhunderts – der besonders elegante klassizistische Kronleuchter. Er wurde nach einem Entwurf Karl Friedrich Schinkels in Berlin gefertigt.

Abb. 31 Alexander Roslin, Zarin Katharina II. von Russland, nach 1777

GELBER SALON

Der große schöne Eckraum diente ehemals als kleiner Festsaal, Salon oder Wohnzimmer der Gästeappartements in diesem Flügel. (Abb. 32) Er erstrahlt nicht nur in den frühen Morgenstunden durch die einfallende Sonne in leuchtendem Gelb. Der alte gelbe Bezugstoff auf Stühlen und Sofas hat sich in seiner satten Farbigkeit erhalten. Durch eine großzügige Spende des Freundeskreises von Schloss Eutin konnte dieser Raum vor einigen Jahren wieder mit Vorhängen ausgestattet werden. Solche Stoffdraperien sind für die Fensterdekorationen des 19. Jahrhunderts typisch, haben aber eine weit längere Geschichte. Jeder Schlossraum war ursprünglich mit üppigen Vorhängen und Teppichen ausgestattet. Diese Behänge waren wichtig, um Sonneneinstrahlung zu regulieren, Wärme im Raum zu behalten, aber auch um luxuriöse Stoffe zu präsentieren.

GOBELINZIMMER

Das »Gobelinzimmer« diente ursprünglich als Schlafgemach für Gäste. Erst im 20. Jahrhundert wurden jene drei kostbaren Tapisserien (textile Wandbehänge) hier installiert, die dem Raum heute seinen Namen geben. (Abb. 33) Umlaufend gehängt scheinen sie die Wände des Raumes zu öffnen. Es entsteht der Eindruck, als sitze man auf einer Terrasse und genieße den Blick in einen wunderschönen Garten: Zwischen den Bäumen blitzen Wasserbecken, Fontänen, Schmuckbeete und eine Treppenanlage hervor. Die mythologischen Figuren im Vordergrund genießen den Schatten. Nicht alle von ihnen sind heute noch eindeutig zu identifizieren. Auch für die Mitglieder des Hofes war es sicherlich ein angenehmer Zeitvertreib, die dargestellten Figuren mit den antiken Mythen in Verbindung zu bringen und immer wieder neu zu enträtseln. Diese gewebten Tapisserien sollen im Paris des 18. Jahrhunderts entstanden sein. Sie wurden später recht rigoros verkleinert, um sie den Wänden dieses Raumes anzupassen.

Abb. 32 »Gelber Salon«

Abb. 33 Detail der mittleren Tapisserie, wohl 18. Jahrhundert

BETTENZIMMER

Auch das angrenzende sogenannte »Bettenzimmer« wurde bei Bedarf für hochrangige Gäste hergerichtet. In diesem Raum befindet sich heute das einzige erhaltene Bett des Schlosses. Wenn sich allerdings einst die herzogliche Familie mit Gästen und Bediensteten in Eutin versammelte, müssen sich allein auf diesem Stockwerk Dutzende Betten befunden haben. Diese Betten waren von unterschiedlichster Art: Die Bediensteten schliefen wohl auf einfachen, schmalen Klappbetten, die am Tag verstaut wurden. Adlige Hofangestellte wie Hofdamen oder Kammerherren, aber auch die Erzieher der Prinzen und Prinzessinnen hatten ihre Schlafstatt oft in Nebenzimmern der fürstlichen Schlafräume oder schliefen auf Beistellbetten sogar mit im Schlafzimmer der Herrschaft. Herzog und Herzogin hatten je ein oder mehrere eigene Betten zu ihrer Verfügung. Eine Sonderform ist das hier präsentierte »Lit à la Polonaise«, ein Bett im sogenannten polnischen Stil. Es stammt wohl aus

Abb. 34 Lit à la Polonaise
im »Bettenzimmer«

der Zeit um 1760 und besitzt einen geschwungenen Betthimmel mit einer vergoldeten Bekrönung, die ganz oben mit einem kleinen Stoffsträußchen versehen ist. (Abb. 34) Die Bespannung besteht aus edler roter Seide. Ein solches Bett platzierte man ursprünglich längs der Wand in einem fürstlichen Salon und es wurde lediglich während des Tages zum Ausruhen benutzt, wie heute ein Sofa. Die Vorhänge konnten für die Zeit des Schlummerns geschlossen werden.

GARDEROBE

Fast so selten wie Schlafmöbel sind heute historische Hygienemöbel erhalten. Eine bemerkenswerte Ausnahme bildet die in diesem Raum befindliche Schranktoilette. Das Aufsichtspersonal zeigt Ihnen gern die geschickt als Biedermeier-Eckschrank in Mahagoniholz getarnte Toilette mit Waschbecken, die in dieses als »Garderobe« bezeichnete Zimmer eingebaut wurde.

SCHIFFSMODELLGALERIE

Aufgrund seiner langen Geschichte und der familiären Verflechtungen der Herzöge und Großherzöge nach ganz Europa befinden sich einige bemerkenswerte Schätze in Schloss Eutin. Zu diesen gehören unzweifelhaft die riesigen Schiffsmodelle aus der Schatzkammer der Zaren von Russland. (Abb. 35) Sie kamen wohl im frühen 19. Jahrhundert als Geschenke nach Eutin. Die beiden Schiffe dienten den Zaren ursprünglich als dreidimensionale Baupläne für ihre Schiffsflotte. Möglicherweise lernten auch die Schiffsoffiziere an diesen Modellen wichtige Abläufe an Bord kennen, bevor sie sich auf große Fahrt begaben. Dem großen Modell hinten im Gang entsprach wohl das reale Linienschiff ersten Ranges »Zacharias und Elisabeth«, das 1749–59 zu militärischen Zwecken auf der Ostsee kreuzte. Aufgrund von Materialverschleiß wurde das Schiff nach nur zehn Jahren Dienst abgewrackt, während sein Modell bis heute in nahezu perfektem Zustand erhalten ist. Jedes Detail des Schiffsbaus ist exakt wiedergegeben, die gesamte Takelage mit gesetzten Segeln ist vorhanden und sogar das Schiffsinnere ist ausgebaut und teilweise ausgestattet. Das kleinere Modell stellt ein bewaffnetes Handelsschiff dar. In Größe und Ausstattung sind beide Modelle herausragend und wohl weltweit einzigartig.

Einige Schritte weiter befindet sich eines der bedeutendsten Familienbildnisse des Barock in Schleswig-Holstein. (Abb. 36) Das Gemälde von Hofmaler Julius Strachen zeigt Herzog Friedrich III. von Schleswig-Holstein-Gottorf (1597–1659). Er ist der Großvater von Dallins Auftraggeber Christian August. Bei ihm sind seine Gemahlin Maria Elisabeth (1610–1684, geb. Kurprinzessin von Sachsen) und ihre reiche Kinderschar sowie einige Mitglieder des Hofstaats vermutlich im Jahr 1639. Im Hintergrund ist Schloss Gottorf bei Schleswig zu sehen, in dem die Familie residierte. Die Kinder werden auf dem Gemälde präsentiert wie kleine Versionen ihrer mächtigen Eltern. Das hat seinen Grund: Jedes dieser Kinder besaß aufgrund seiner Herkunft besondere Macht und Rechte, über die nur sehr wenige andere Menschen jener Zeit verfügten. Diese Zugehörigkeit zu einer herausgehobenen Dynastie wird auch durch die Familienähnlichkeit deutlich gemacht.

Abb. 35 Detail, Schiffsmodell aus der Schatzkammer der Zaren

Abb. 36 Detail, Julius Strachen, Friedrich III. mit seiner Gemahlin Maria Elisabeth, sechs Kindern und Hofstaat, 1639

Abb. 37 Antependium von 1641

ANTEPENDIUM MIT FÜRSTBISCHOFSLOGE

Ein weiterer einzigartiger Schatz des Schlosses befindet sich zwei Räume weiter. Das sogenannte Antependium gehört zu den ältesten und kostbarsten Textilien in Schleswig-Holstein. Ehemals schmückte es als Behang die Seiten und die Front des Altartischs in der Eutiner Schlosskapelle. (Abb. 37) Das 515 cm lange und 90 cm hohe Tuch ist über und über mit vergoldeten Silberfäden bestickt. Auf dem ehemals strahlend violetten Samt sind fünf große Medaillons zu erkennen. In plastischer Seiden- und Goldstickerei zeigen sie seitlich die Apostel Petrus mit dem Schlüssel und Paulus mit dem Schwert. Mittig von links nach rechts folgen drei Szenen der Leidens- und Auferstehungsgeschichte Christi: Die Kreuzigung, das Letzte Abendmahl und die Auferstehung. In virtuoser Handwerkskunst sind die Figuren geschildert: Erhaben treten ihre Muskeln hervor, Gefühle spiegeln sich auf ihren Gesichtern. Dieses herausragende Geschenk erreichte Eutin und den damals regierenden Fürstbischof Hans im Jahr 1641. Die Schenkenden waren dessen Cousin Friedrich III. und seine Frau Maria Elisabeth, jener Herzog und jene Herzogin von Schloss Gottorf, die soeben auf dem großformatigen Familienporträt im

Gang zu sehen waren. Das Bildnis des Bischofs Hans hängt im Vorraum und zeigt ihn in einem reich geschmückten schwarzen Gewand.

Aus dem Vorraum bietet sich ein erster Blick in den oberen Teil der Schlosskapelle: in die sogenannten »Fürstbischofsloge« auf der Empore. Von dieser Loge aus wohnte die herzogliche Familie dem Gottesdienst bei. Seidene Tapeten mit Blumenmalerei und ein wärmender Ofen schufen auch im Winter eine angenehme Atmosphäre. Durch die heute noch funktionsfähigen Schiebefenster konnten die Kälte, aber vielleicht auch eine zu lange Predigt angenehm gedämpft werden.

Der Weg zum Innenraum der Kapelle führt über die Haupttreppe nach unten. Auf dem Weg dorthin ist insbesondere das Porträt des Begründers der Dynastie Schleswig-Holstein-Gottorf zu beachten: Herzog Adolf I. (1526–1586), Sohn des dänischen Königs Friedrich I. und erfolgloser Bewerber um die Hand der englischen Königin Elizabeth I., tritt dem Betrachter in Prunkharnisch (prächtigem Brustpanzer) und in den seidenen Pumphosen eines Tänzers entgegen. (Abb. 38) Die Mischung aus militärischer und eleganter Kleidung zeigt ihn als einen in allen Bereichen glänzenden Renaissance-Fürsten.

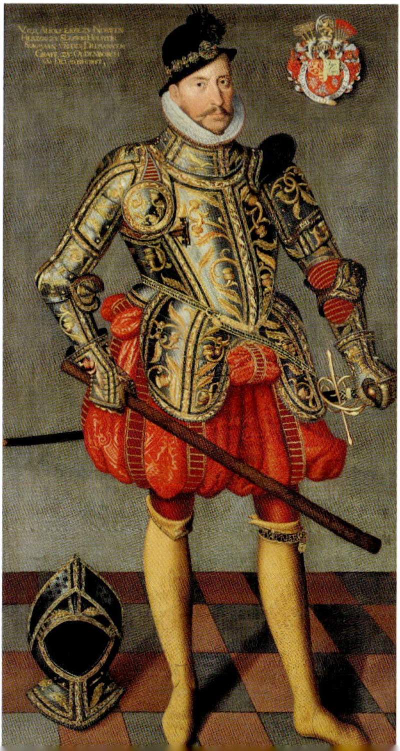

Abb. 38
Herzog Adolf I. von Schleswig-Holstein-Gottorf, ausgeführt wohl um 1595

SCHLOSSKAPELLE

Die Schlosskapelle befindet sich bereits seit dem 13. Jahrhundert an ihrem Ort im Südosten der Anlage. (Abb. 39) Sie war im Laufe der Jahrhunderte wohl meist in den Schlossbau integriert und kein eigenständiger Bauteil. Auch heute ist sie baulich von außen nicht als Kirchenraum erkennbar. Spätestens seit Mitte des 17. Jahrhunderts verfügt die Kapelle über die noch heute vorhandenen Elemente: Empore mit »Fürstbischofsloge« über dem Altar, Gemäldeausstattung und Orgel. Sehr wahrscheinlich orientierte sich der Auftraggeber Bischof Hans an der Kapelle seines Cousins auf Schloss Gottorf, die ähnlich strukturiert ist. 1689 kam es zu einem verheerenden Brand in Eutin, der das gesamte Schloss in Schutt und Asche legte. Dieser erforderte auch einen vollständigen Neubau der Schlosskapelle. Nach altem Muster war sie spätestens 1702 vollständig wieder hergestellt.

Der Altar befindet sich im Osten. Um diesen hing ursprünglich das im ersten Obergeschoss ausgestellte kostbare Antependium (s. S. 60). Der Altar ist von einer Balustrade umgeben und mit einem Gemälde geschmückt. Das sehr qualitätvolle Bild von unbekannter Hand stellt die Abnahme Christi vom Kreuz dar. Es handelt sich um eine zeitgenössische Kopie nach der als Radierung verbreiteten Komposition Rembrandts (1606–1669). Hervorzuheben ist auch der virtuos geschnitzte und vergoldete Rahmen. Mit den Leidenswerkzeugen Christi auf grünem Grund, den Apostelköpfen an den Kanten und den üppig rankenden Akanthusblättern wurde er eigens für dieses Gemälde von dem Bildschnitzer Theodor Allers (gest. 1704) geschaffen. Über dem

◂ Abb. 39 Blick von der Orgelempore in die Schlosskapelle

Abb. 40 Orgel, Prospekt von Arp Schnitger, 1693/94 ▸

Altar und umlaufend von schmalen Säulen getragen erhebt sich die hölzerne Empore der Kapelle, die in rotbrauner und grauer Steinimitation gefasst ist. Oben auf der Empore nahmen die Mitglieder des Hofstaates Platz, direkt über dem Altar befindet sich die separate »Fürstbischofsloge«, die dem Herzog und seiner engeren Familie vorbehalten war (s. Abb. 39).

Diesem hervorgehobenen Sitzplatz gegenüber wurde 1693/94 die Orgel eingebaut. Pfeifen und Prospekt (Holzverschalung) des Instruments schuf der berühmte Hamburger Orgelbauer Arp Schnitger (1648–1719). (Abb. 40) Während der reich gestaltete Prospekt erhalten blieb, wurde die innen liegende Technik 1862 vollständig ausgetauscht, um dem neuen, romantischen Klangideal zu entsprechen. Die Kapelle ist bis heute geweiht und wird für Gottesdienste und Hochzeiten gerne genutzt.

GARTEN

Ein Spaziergang von etwa einer Stunde erschließt die Gesamtanlage des Eutiner Schlossgartens. Die hintere Buchklappe enthält den Plan des Gartens mit der vorgeschlagenen Route. Aus dem kleinen »Gang nach dem Garten« zwischen Treppenhaus und Museumsshop bietet sich bereits ein wunderschöner Ausblick und eine Flügeltür öffnet sich zum Schlossgarten.

GARTENGESCHICHTE AUF DER SÜDTERRASSE

Auf der Südterrasse lässt sich wie an keinem anderen Ort erleben, wie eng Schloss und Garten seit dem barocken Umbau durch Hofbaumeister Dallin aufeinander bezogen sind. (vgl. Abb. 14, S. 22–23) Das einst bewaldete Gebiet im Süden des Schlosses hatten die Fürstbischöfe und Herzöge zunächst lediglich für einen Tiergarten genutzt, in dem Hirsche und andere Wildtiere für die Jagd gehalten wurden. (vgl. Abb. 4, S. 8–9) Auf der Nord- und Ostseite gab es seit dem Mittelalter einen »Medizingarten« mit Heilpflanzen. Die ersten schmückenden Lustgärten mit Wasserspielen und Gartengebäuden entstanden im Laufe des 17. Jahrhunderts. Langsam wurde diese Gartenanlage der Renaissance und des Frühbarock zwischen See und Schloss von Norden über Osten nach Süden erweitert und eng um das Schloss herumgeführt. Eine großflächige Gesamtplanung für das Areal entstand jedoch erst ab 1716. Gartenarchitekt Lewon entwickelte parallel zu Dallins Schlossumbau einen repräsentativen Barockgarten. (Mehr dazu S. 22).

◂ Abb. 41 Blick über die Südterrasse in den Schlossgarten

Abb. 42 Südterrasse

Die Idee einer Südterrasse stammt ebenfalls aus dieser Zeit: Von ihrer Freitreppe aus erschließt sich ein erster Panoramablick in den Schlossgarten. (Abb. 41) Die obere Terrasse mit ihrer Balustrade bietet einen erhöhten Ausblick über die Anlage. In den 13 weißen Vasen der Balustrade finden in den Sommermonaten Agaven ihren Platz. (Abb. 42) Einige Schritte nach unten über die breite Freitreppe sind zwei windgeschützte, sonnige Plätze zu erreichen. Schon seit der Zeit des Barock öffnet eine breite Brücke über den Schlossgraben den Weg in den Garten. Im Sommer ist dieser Zugang zum Schloss von blau blühenden Agapanthuspflanzen (Schmucklilien) gesäumt.

Abb. 43 Pleasureground im frühen 20. Jahrhundert

DER ENGLISCHE LANDSCHAFTSGARTEN

Die Jahre 1787/88 brachten große Veränderungen für den Eutiner Garten. Während der Regentschaft Herzog Peter Friedrich Ludwigs fand auch in Eutin jene »Revolution« statt, die Ende des 18. Jahrhunderts über die Gärten Europas hereinbrach: Überall wichen die geometrisch strukturierten und hierarchisch-repräsentativen Barockgärten einer neuen Idee. Der Garten sollte nun eine ideale Natur, eine »freundliche Landschaft« sein, wo der Mensch sich auf seine natürlich gegebenen positiven Talente besinnen kann. Die neue Gartentheorie wurde maßgeblich in England entwickelt. Die dortigen Gartenarchitekten wurden nachhaltig durch Landschaftsgemälde inspiriert, wie sie etwa der französische Maler Claude Lorrain (1600–1682) schuf. Diese sogenannten Englischen Gärten sind genauso künstlich

angelegt wie die französisch geprägten Barockgärten zuvor, doch nun ging es darum, vielfältige Landschaftsformen – Wiesenflächen, Hügel, einsam stehende Bäume, Bachläufe, malerische Ruinen, dunkle Waldstücke, Felsformationen – wie ein Konzentrat in einem definierten Gartenareal erlebbar zu machen. Dazu wurden Wege und Sitzplätze angelegt, damit die Besuchenden die komponierte Gartenlandschaft wie eine Folge wunderschöner Landschaftsbilder durchschreiten bzw. sich dort ausruhen konnten und dies auch heute noch können. (vgl. Abb. 13, S. 21) Der Aufenthalt in einem landschaftlich gestalteten Garten würde, so die damalige Vorstellung, dazu beitragen, die Menschen zur besten Version ihrer selbst zu machen. So ist es nur folgerichtig, dass der »Landesvater« Herzog Peter Friedrich Ludwig seinen vollendeten Englischen Garten für die Eutiner Bevölkerung als Bildungs- und Erholungsort öffnete. Diese wunderbare Wirkung des Schlossgartens lässt sich auf einem Spaziergang bis heute nachvollziehen.

PLEASUREGROUND, SCHLOSSWIESE

Jenseits der Brücke liegt direkt vor dem Schloss ein großes Rasenareal. Über diese Wiese wandert der Blick in die harmonisch gestaltete Gartenlandschaft. Dieser Rasen am Schloss war im 19. Jahrhundert mit einigen Zierelementen versehen – Vergleichbares wird in der englischen Gartentheorie als »Pleasureground« bezeichnet. (Abb. 43) Links und rechts standen ursprünglich zwei monumentale, weiß gefasste Ziervasen, mittig erstreckten sich fächerförmige Schmuckbeete. Heute ist nur noch der ehemalige Scheitelpunkt dieses Fächers gestaltet: Zentral vor dem Schloss zeigt die Sonnenuhr des Hofbildhauers Johann Georg Moser (1713–1780) von 1752 (Rekonstruktion von 2013) an sonnigen Tagen die Zeit an. Im 19. Jahrhundert nutzte die Hofgesellschaft diese Rasenfläche gerne für elegante Kegelspiele und Ähnliches. Heute prägt eine weiß blühende Magnolie diesen Gartenbereich. Von hier geht es linker Hand zur Lindenallee und dann durch diese Allee entlang des Schlossgrabens in Richtung Norden.

Abb. 44
Seepavillon

SEEPAVILLON

An der Spitze der kleinen Landzunge des Eutiner Sees, auf der das Schloss steht, befindet sich der »Seepavillon«. (Abb. 44) Der bis heute erhaltene, teilerneuerte Bau geht auf das Jahr 1799 zurück. Die aus Granitsäulen und -platten zusammengesetzte Architektur wirkt zunächst unspektakulär. Zur Stabilisierung des Baus mussten jedoch sehr aufwendig Pfähle in den weichen Seeboden gerammt werden. In seinem Inneren war der Pavillon mit zwei einfachen Bänken ausgestattet. Zwar zieht der Pavillon die Blicke nicht unbedingt

auf sich, doch er ermöglicht besonders schöne Ausblicke: Wer von hier seinen Spaziergang durch die Anlage beginnt, tut dies mit einem Rundumblick in die Kulturlandschaft am Eutiner See. Gegenüber dem Pavillon befindet sich die Fasaneninsel, nördlich erstreckt sich am anderen Ufer das hügelige Gelände des Seeschaarwaldes und nordwestlich befindet sich die Bucht zur Stadt hin. Südlich sind der Uferweg jenseits der Bucht, »Philosophengang« genannt, und südöstlich die später hinzugefügte Festspielbühne zu erkennen. Die stimmige Einbettung eines Parks in die umgebende Landschaft ist ein zentrales Merkmal Englischer Gärten.

Abb. 45 Lindenallee

LINDENALLEE UND FLORA-STATUE

Nur wenige Schritte sind es von hier zurück in die Lindenallee. (Abb. 45) Die 55 mächtigen Holländischen Linden bilden eine Blickachse und einen schattigen Weg in den hinteren Teil des Gartens. Die meisten dieser Bäume sind über 235 Jahre alt, das macht die Lindenallee in Schleswig-Holstein zu einem einzigartigen Gartendenkmal. Mit jedem Schritt durch die Allee schimmert eine weiße Skulptur heller durch das dunkle Grün. Als »point de vue« (deutsch »Blickpunkt«) am Ende der Allee wurde um 1800 eine Flora-Statue nach antikem Vorbild erschaffen. Die Göttin der Blumen und Bäume stimmt auf den weiteren Spaziergang ein. Die Legende besagt, dass (Groß-)Herzog Peter Friedrich Ludwig die Statue im stillen Gedenken an seine jung verstorbene Frau Friederike (1765–1785, geb. von Württemberg-Mömpelgard) an diese Stelle setzen ließ. Heute steht eine nachgegossene Figur im Garten, das Original befindet sich im »Gang nach dem Garten« im Schloss. (Abb. 46)

Abb. 46 Flora-Statue

TUFFSTEINHAUS, PHILOSOPHISCHER GANG UND FESTSPIELBÜHNE

Am Ende der Lindenallee lässt sich der Weg zum Seeufer nach links einschlagen. Nach einigen Schritten zweigt wieder links der »Philosophische Gang« entlang des Seeufers ab. Dieser Weg ist das genaue Gegenteil zur geraden Promenade durch die Lindenallee. Das Terrain ist abwechslungsreich gestaltet und schickt die Spazierenden in Kurven mal aufwärts, mal abwärts. Auch die unregelmäßige Bepflanzung mit Büschen und Bäumen soll den Eindruck von Natürlichkeit hervorrufen. Gleich zu Anfang animiert ein plätschernder kleiner Wasserfall zwischen Tuffsteinen zu erfrischenden Gedanken.

Hinter dem kleinen Wasserfall führt eine Steintreppe nach oben in Richtung »Tuffsteinhaus«. Dieser Bau aus Süßwassertuffstein entstand ab 1793. Malerisch bei einem kleinen Teich gelegen, war das Bauwerk ursprünglich der Artemis, der griechischen Göttin der Jagd und des Waldes gewidmet und später den Dichtungen des Aratos und Seneca. Der seinerzeit vorhandene Skulpturenschmuck wurde allerdings während der napoleonischen Besatzung Eutins 1813 zerstört. 1877 fand dieser stille, verwunschene Bau eine neue Bedeutung, indem man ihn zum Denkmal für den in Eutin geborenen Komponisten Carl Maria von Weber (1786–1826) bestimmte.

Der Weg führt nach einigen Schritten zu einer Gabelung. Linker Hand liegt die Freilichtbühne der Eutiner Festspiele, die erstmals 1951 zum 125. Todestag Carl Maria von Webers stattfanden. Neben Webers »Freischütz« und Opernklassikern werden dort in den Sommermonaten Konzerte und zeitgenössische Musicals mit internationaler Besetzung gespielt. Rechter Hand geht es in einem Bogen entlang des »Duvendiek« (Taubenteich) über die weiße Brücke in Richtung »Küchengarten«.

Abb. 47 Orangerie und Kesselbäume

KÜCHENGARTEN

Zwischen Orangerie und »Neuholländerhaus« führt der Spaziergang in den ummauerten Küchengarten. (Abb. 47) Von Beginn an plante Herzog Peter Friedrich Ludwig mit seinen Architekten und Gärtnern die Integration eines Küchen- und Nutzgartens in die Englische Gartenanlage. Das Gelände sollte in erster Linie zur Versorgung der herzoglichen Küche dienen und bildete im Landschaftsgarten somit einen Fremdkörper. Bereits in der Planungsphase wurde der Küchengarten daher so verortet, dass er durch Mauern und einen natürlich gewachsenen Sichtschutz von der Gartenumgebung aus kaum wahrnehmbar ist. Die 1790 begonnene und bis heute erhaltene Einfriedung des Küchengartens mit Backsteinmauern diente aber auch dessen klimatischer Optimierung: Sogenannte Klimamauern schützen die Pflanzen vor Wind und strahlen die gespeicherte Sonnenwärme langsam ab.

ORANGERIE UND »NEUHOLLÄNDERHAUS«

Die beiden schlichten Bauwerke von Orangerie und »Neuholländerhaus« gehen auf frühere Architekturen der Barockzeit zurück. Die Orangerie, ursprünglich zur Kultivierung von Südfrüchten erbaut, diente im Spätbarock als Komödienhaus für Theateraufführungen. Erst unter Herzog Peter Friedrich Ludwig wurde das Gebäude 1791 wieder in eine Orangerie zurückverwandelt. Mit dem »Neuholländerhaus« und der Orangerie zeugen noch heute zwei Gebäude von der Vorliebe der Herzöge und Großherzöge für südländische Pflanzen. Im 19. Jahrhundert existierte unter anderem auch noch ein Ananashaus. Die dort gezogenen Früchte dienten zur Bereicherung der herrschaftlichen Tafel, im Winter nutzte man die Gebäude außerdem zur Aufbewahrung aller kälteempfindlichen Gewächse. Über die großen, nach Südwesten ausgerichteten Fenster und einen kleinen Ofen wurden die Gewächshäuser im Winter so erwärmt, dass sowohl Pflanzen der gemäßigten Mittelmeerzone als auch der Subtropen, etwa aus Australien (bis ca. 1820 als »Neuholland« bezeichnet) gedeihen konnten.

Abb. 48, 49 Küchengarten

BEETE UND OBSTBAUMALLEE

Über die breite Rasenfläche führt der Weg in den hinteren Teil des Küchengartens, auch er ist von Klimamauern eingefriedet. (Abb. 48) Nachdem dieser Garten über Jahrzehnte teilweise verfallen war, fand in den Jahren 2006–15 eine umfassende Restaurierung und Revitalisierung des Geländes statt. Öffentliche und private Mittel ermöglichten zunächst archäologische Voruntersuchungen und schließlich einen Wiederaufbau des Küchengartens in seiner historischen Form. Seit der Landesgartenschau in Eutin im Jahr 2016 wird der Küchengarten im Rahmen eines deutschlandweit einzigartigen Projekts von rund 60 ehrenamtlichen Gärtnerinnen und Gärtnern wieder bewirtschaftet. In deren Beeten gedeihen unter den besonderen klimatischen Bedingungen des Gartens heute wieder eine Vielzahl von historischen Gemüse- und Obstsorten, Kräutern und Blumen. So wird der Mittelweg von einer Allee hochstämmiger Mirabellen und Reineclauden gesäumt. (Abb. 49) Wie auch bei den Apfelbäumen wurden diese alten Sorten nachweisbar seit Jahrhunderten für die Schlossküche kultiviert. Weitere gartenhistorische Besonderheiten sind die Apfelbäume im sogenannten Kesselbaumschnitt, Spalier-Apfelbäume und sogar Apfelbäume als Beeteinfassungen (französisch »cordon«). Daneben sind der »Lebende Zaun« und »Lebende Stühle« zu entdecken sowie vieles mehr. Am Ende der Hauptachse führt der Spaziergang schließlich aus dem Küchengarten hinaus und weiter nach links in Richtung Tempelgarten und Monopteros. In einiger Entfernung ist die sogenannte »Chinesische Bogenbrücke« zu erkennen. Die leuchtend weiße Holzbrücke dient der Überquerung des Bächleins zum »Großen Piependiek« (Flötenteich).

MONOPTEROS UND TEMPELWIESE

Der Monopteros, ein Rundtempel, liegt im südlichen und höchstgelegenen Teil des Gartens. (Abb. 50) Diese Architekturform gehört zu den beliebtesten und prägnantesten in Englischen Landschaftsgärten und lässt sich bis heute in zahlreichen Anlagen entdecken. Der in Eutin auch »Sonnentempel« genannte Rundbau ist eine anspruchsvolle Architektur. Auf einem dreistufigen Sockel erheben sich acht Säulen in toskanischer Ordnung, die das Gebälk und darüber das gewölbte Kuppeldach tragen. Wie die Architektur sind auch die Dekorationselemente im Fries des Tempels mit Bukranien (gehörnten Rinderschädeln) und Opferschalen von den Schmuckformen der griechischen Antike abgeleitet. Der allseitig offene Tempel bietet im Sommer einen wunderschönen Schattenplatz mit Blick über den östlich gelegenen »Tempelgarten«.

WASSERFALL UND PARTIE ZUM SCHLOSS

Dem Weg nach rechts folgend gelangen die Spazierenden – nach wenigen Schritten wiederum rechts abzweigend – an einen Aussichtspunkt. Von hier öffnet sich die Blickachse über die gesamte Länge des Gartens zur Südfassade des Schlosses. Über die steil abfallende Partie geht es nun nach links zu einem weiteren Höhepunkt der Anlage: dem Großen Wasserfall. Mit der Umgestaltung vom Barockgarten zum Englischen Garten veränderte und verbesserte Herzog Peter Friedrich Ludwig auch technische Elemente wie das Wasserregime im Garten.

Abb. 50 Monopteros

Das Wasser wurde für die Bewässerung der Gartenanlage, aber auch für künstliche Wasserspiele gebraucht. Statt der Fontänen des Barockgartens bot der Landschaftsgarten naturinspirierte Wasserspiele: spiegelnde Teiche, glucksende Bäche oder sprudelnde Wasserfälle. 1790/91 gestaltete Hofbildhauer Moser die scheinbar natürlichen Felsen für den großen Wasserfall aus Tuffstein. Um diese herum wurde mit Eiben und Klettergewächsen eine dunkle, ernste Stimmung erzeugt, durch die in den Nachmittags- und Abendstunden kontrastierend ein von der Sonne erleuchteter Wasserstrahl sprudelte. Die Funktion des Wasserfalls ist heute vom natürlichen Wasserstand im Park abhängig und daher leider nicht permanent zu erleben.

Der Weg zurück zum Schloss führt über malerisch geschwungene Wege und vorbei an diversen alten und schönen Bäumen: eine über 300 Jahre alte Kastanie am kleinen Graben rechts, eine Kaukasische Flügelnuss am Teich, eine Pyramideneiche nach dem Tor in Richtung Schloss und viele mehr. Der gesamte Eutiner Schlossgarten ist reich bestückt mit besonderen Pflanzen: 244 Arten sind vertreten, davon stehen heute 18 Arten auf der Roten Liste gefährdeter Pflanzen in Schleswig-Holstein. Ganze Partien der Rasenfläche bleiben im Sommer ungemäht und sollen nicht betreten werden, um die Vielfalt der Gewächse zu erhalten. Über hohe Gräser hinweg und zwischen malerischen Baumkulissen hindurch eröffnen sich auf dem Rückweg immer wieder attraktive Blickachsen auf die Südfassade des Schlosses. (Abb. 51) Bänke, die der originalen Ausstattung des Gartens nachempfunden sind, laden dazu ein, sich hier auszuruhen und den Anblick des Schlosses in seinem grünen Rahmen zu genießen.

Abb. 51 Partie zum Schloss

Dynastie Schleswig-Holstein-Gottorf
seit Herzog Adolf I. (1526–1586)

Albertine Friederike v. Baden-Durlach 1682–1755 ⚭ **Christian August** 1673–1726

(Insg. 8 Kinder)

Karl
1706–1727

Adolf Friedrich
1710–1771
König v. Schweden
⚭
Luise Ulrike v. Preußen
1720–1782

Friedrich August
1711–1785
⚭
Ulrike Friederike
v. Hessen-Kassel
1722–1788

(Insg. 4 Kinder)

(Insg. 3 Kinder)

Karl XIII. 1748–1818 ⚭ Hedwig Elisabeth 1759–1818

Peter Friedrich Wilhelm
1754–1823

Schwedisches Königshaus

(Insg. 2 Kinder)

Amalie 1818–1875 ⚭ Otto v. Wittelsbach 1815–1867

Königin und König von Griechenland

Elisabeth v. Sachsen-Altenburg 1826–1896 ⚭ **Nikolaus Friedrich Peter** 1827–1900

(Insg. 2 Kinder)

Großherzöge von Oldenburg
bis 1918

Stammtafel

der Fürstbischöfe und Fürsten von Lübeck aus der jüngeren Linie des Herzoghauses Schleswig-Holstein-Gottorf, ab 1721 Holstein-Gottorf, ab 1773 Herzöge von Oldenburg, ab 1803 Fürsten zu Lübeck, ab 1815 Großherzöge von Oldenburg.

Georg Ludwig
1719–1763
⚭
Sophie Charlotte
v. Schleswig-Holstein-
Sonderburg-Beck
1722–1763

(Insg. 3 Kinder)

Peter Friedrich Ludwig
1755–1829
⚭
Friederike
v. Württemberg-Mömpelgard
1765–1785

(Insg. 2 Kinder)

Paul Friedrich August
1783–1853
⚭
1. Adelheid
v. Anhalt-Bernburg-
Schaumburg-Hoym
1800–1820

2. Ida
v. Anhalt-Bernburg-
Schaumburg-Hoym
1804–1828

3. Cäcilie
v. Schweden
1807–1844

Johanna Elisabeth
1712–1760
⚭
Christian August
v. Anhalt-Zerbst
1690–1747

(Insg. 5 Kinder)

Katharina II.
Zarin v. Russland
1729–1796
⚭
Peter III.
Zar von Russland
(Karl Peter Ulrich
v. Holstein-Gottorf)
1728–1762

Paul I.
1754–1801
⚭
Maria Fjodorowna
v. Württemberg-
Mömpelgard
1759–1828

(Insg. 9 Kinder)

Russische Zaren
bis 1917

Für weitere Informationen

Auge, Oliver und Scharrenberg, Anke (Hg.):
Eutin im Barock. Kunst und Kultur am fürstbischöflichen Hof des 17. Jahrhunderts. Kiel, Hamburg 2021.

Auge, Oliver und Scharrenberg, Anke (Hg.):
Auf dem Weg zum »Weimar des Nordens«? Die Eutiner Fürstbischöfe und ihr Hof im 18. Jahrhundert. Eutin 2019.

Auge, Oliver und Scharrenberg, Anke (Hg.):
Die Fürsten des Bistums. Die fürstbischöfliche oder jüngere Linie des Hauses Gottorf in Eutin bis zum Ende des Alten Reiches. Eutin 2015.

Bohn, Robert:
Geschichte Schleswig-Holsteins. 2. durchg. Aufl. München 2015.

Buttlar, Adrian und Meyer, Margita Marion (Hg.):
Historische Gärten in Schleswig-Holstein. Heide 1996.

Furchert, Manfred und Welp, Jörgen:
Oldenburgisches Wappenbuch. Band II.
Historische Wappen und Flaggen des Oldenburger Landes von der Grafenzeit bis zum Freistaat. Oldenburg 2013.

Grötz, Susanne und andere (Hg.):
Dehio-Handbuch Hamburg, Schleswig-Holstein. 3. durchg. und erg. Aufl. Berlin 2009.

Hattendorff, Mathias:
Das Haus Oldenburg. 2. Aufl. Werl 2017.

Heckmann, Hermann:
Baumeister des Barock und Rokoko in Mecklenburg, Schleswig-Holstein, Lübeck, Hamburg. Berlin 2000.

Hübner, Eckhard (Hg.):
Kiel, Eutin, St. Petersburg. Die Verbindung zwischen dem Haus Holstein-Gottorf und dem russischen Zarenhaus im 18. Jahrhundert. 2. Aufl. Heide in Holstein 1987.

Klose, Olaf (Hg.):
Biographisches Lexikon für Schleswig-Holstein und Lübeck. Kiel, Hamburg 2020 (Onlineausgabe) [https://files.wachholtz-verlag.de/openaccess/9783529025624.pdf].

Lafrenz, Deert:
Schlösser in Schleswig-Holstein. Petersberg 2022.

Lohmeier, Dieter:
Kleiner Staat ganz groß. Schleswig-Holstein-Gottorf. Heide 1997.

Paravicini, Werner (Hg.):
Höfe und Residenzen im spätmittelalterlichen Reich. Ostfildern 2003 (Onlineausgabe) [https://adw-goe.de/digitale-bibliothek/hoefe-und-residenzen-im-spaetmittelalterlichen-reich/digitales-handbuch/].

Schiecke, Wolfdieter:
Das Antependium im Schloss Eutin. Eutin 2017.

Schulze, Heiko K. L.:
Schloß Eutin. Eutin 1991.

Thietje, Gisela:
Die jüngere Geschichte des Eutiner Schlossgartens von 1803 bis ins späte 20. Jahrhundert. Eutin 2017.

Thietje, Gisela:
Der Eutiner Schloßgarten. Gestalt, Geschichte und Bedeutung im Wandel der Jahrhunderte. Neumünster 1994.

Wilkens, Johann Diedrich:
Ein Diener seines Herrn. Die Lebenserinnerungen von Johann Diedrich Wilkens, Leibkammerdiener des Großherzogs Paul Friedrich August von Oldenburg, hg. v. Udo Elerd. Oldenburg 2002.

Abbildungsnachweis

Ralf Buscher, S. 2, 4, 13, 16, 20, 24/25, 26/27, 36/37, 42/43, 44/45, 46/47, 51, 52, 55, 56/57, 60, 62/63, 65, 69, 74, 80/81, 83, Umschlag Rückseite · Bürgergemeinschaft Eutin e.V., nach einer Postkarte von Otto Grauert, Hamburg, S. 70 · Martina Denker, S. 66/67 · NB, S. 76/77, 78 · Sönke Ehlert, S. 30, 55, 59 · Rasmus Freese, S. 79 · Andreas Lechtape, Bildarchiv Foto Marburg, S. 10/11, 28/29 · Thorsten Mischke, S. 38/39 · Landesamt für Denkmalpflege Schleswig-Holstein, S. 7 · Lutz Roeßler, S. 75 · Ina Steinhusen, S. 12, 15, 41 · Holger Stöhrmann, Titel · alle weiteren Stiftung Schloss Eutin

Trotz intensiver Recherche ist es uns leider nicht in allen Fällen gelungen, die Inhaber von Bild- und Fotorechten ausfindig zu machen. Nicht genannte Rechteinhaber können sich gerne an info@schloss-eutin.de wenden.

Impressum

Herausgegeben von:
Stiftung Schloss Eutin
Schlossplatz 5
23701 Eutin
Tel.: +49 4521 70950
Fax: +49 4521 709530
info@schloss-eutin.de
www.schloss-eutin.de

Die Deutsche Nationalbibliothek verzeichnet diese Publikation in der Deutschen Nationalbibliografie; detaillierte bibliografische Daten sind im Internet unter https://dnb.de abrufbar.

ISBN 978-3-529-05075-6 (Print)
ISBN 978-3-529-09239-8 (E-Book)

Gesamtherstellung: Wachholtz Verlag
Text: Sophie Borges
Redaktion: Andrea Haarer, Brigitta Herrmann,
Sedef Neitmann, Kerstin Imogen Vieth, Sophie Welz
Satz: Akademischer Verlagsservice Gunnar Musan
Printed in Europe

Besuchen Sie uns im Internet: www.wachholtz-verlag.de